かんたん おいしい 超便利！

冷凍うどん アイデア帖

とにかく頼れる 100 レシピ

本書は2009年発行の『毎日おいしい旬菜うどん』（弊社刊）より
オリジナルレシピを厳選し、リメイクしたものです。

東京書店

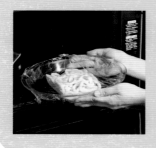

ひと手間かければ
もっとおいしく！

冷凍うどんのもどし方

電子レンジでもどす

袋の表示に従って、W数や加熱時間を正確に設定するのがポイント。個包装のままでも解凍できますが、袋から出して皿にのせ、ラップをかければ、加熱ムラをおさえられます。

うどんは
凍ったまま
電子レンジや
鍋に！

そのまま和える
or混ぜる！

和え・混ぜ

焼き・炒め

熱湯でゆでてもどす

鍋にたっぷりの湯をわかし、沸騰してから、冷凍うどんを投入します。湯の量や火力が不足していると、うまくゆで上がらず、本来のおいしさを引き出すことができません。

箸でほぐす

フライパンに
入れて調理！

冷凍うどんは、レンジでもどす場合も、ゆでてもどす場合も、袋の表示に従って加熱すればおいしくいただけます。メニューによっては加熱後に冷水でしめるひと手間を加えることで、食感や見栄えがぐーんとよくなります!

冷水にとり、水気をよく切る

うどんを冷水でしめることで、よりツルツルした食感を味わえ、つゆの濁りも防げます。ぬめりを流水で洗い流しましょう。ザルを使えば、水をしっかり切ることができます。

ざる

> ざるの場合は冷たいうちに!

かけ

> あつかけの場合は温める!

もどし方 3つの「ない」

1 ゆですぎない

表示時間以上にゆでると、うどんの中まで水分が浸透し、のびた状態に……。

2 時間を置かない

もどしてから時間が経過すると、コシがなくなっていきます。一番おいしいのは、やっぱりゆで立て!

3 再冷凍しない

一度溶けた冷凍うどんは、再冷凍しても、元の状態にはなりません。買い物後は、すぐに冷凍庫へ。

簡単つゆ

Easy

メニューやシーンに合わせてチョイス！

つゆの ネタ帖

本書のレシピでは、めんつゆを使った手軽なつゆを利用していますが、より本格的な調理を楽しみたい人は、つゆから手作りしてみましょう。

かけつゆ

濃口

めんつゆ…大さじ 3
水…1½ カップ

薄口

白だし…大さじ 2½
水…1½ カップ

ぶっかけつゆ

濃口

めんつゆ…大さじ 2
水…⅓ カップ

薄口

白だし…大さじ 2
水…⅓ カップ

本書で使用しているめんつゆ

万能つゆ

3倍濃縮

白だし

7倍濃縮

めんつゆの種類は特に問いませんが、商品によって希釈の度合いが異なりますので、ラベルの指示に従ってください。

※ともに生活クラブ生協　https://seikatsuclub.coop/

本格つゆ

Genuine

かけつゆ

関東風

醤油
　…大さじ 1½
みりん…大さじ 1½
だし汁…1½ カップ

だし汁は昆布とカツオで
取ったものが合います。

牛肉うどん
（P.29）

関西風

薄口醤油
　…大さじ 1½
みりん…大さじ 1½
だし汁…1½ カップ

だし汁は昆布や煮干し
で取ったものが合います。

れんこんと
ぎんなんのうどん
（P.32）

讃岐風

薄口醤油…小さじ ½
いりこだし…1½ カップ
酒…大さじ ½
塩…小さじ ½

清涼感ある「ひやかけ」
にしても。

ズッキーニ天の
冷やしかけうどん
（P.107）

ぶっかけつゆ

醤油

醤油…小さじ 2
みりん…小さじ 2
だし汁…⅓ カップ

サラダうどん
（P.99）

醤油は薄口、
濃口お好みで。

梅

醤油…大さじ 1
みりん…小さじ 2
梅干し（つぶす）
　…小さじ 1
酒…小さじ 2
砂糖…小さじ ½
だし汁…¼ カップ

※ひと煮立ちさせる。

味の変化を
楽しめます。

ネバネバ
ぶっかけうどん
（P.91）

アイデア帖の **①**
温かいおつゆの かけうどん

アイデア帖の❷

混ぜて・和えて 汁なしのうどん

アイデア帖の ❸
手早い・おいしい ぶっかけうどん

アイデア帖の④

フライパンで
焼きうどん・炒めうどん

本書の使い方

● 材料表記は1人分です。2人分以上を一度に作る場合は、人数分の材料を用意してください。

● 材料表記中の炒め油、揚げ油はサラダ油を使用しています。

● 本書で使用した計量器具は、小さじ1＝5cc（5mℓ）、大さじ1＝15cc（15mℓ）、1カップ＝200cc（200mℓ）です。

● 材料をgで表示しているものは、皮や種の部分を取り除いた正味の量を記しています。

● 材料を個数で表示しているものは、とくに指定のないかぎり、中程度の大きさのものです。

● かけつゆは1人分を1½カップとしています。調理中につゆが煮詰まって味が濃くなった場合は、水を加えて調節してください。

● 材料で「薄口」等の指定のない「醤油」はすべて濃口醤油を使用します。

● 野菜を塩ゆでするときの塩や、酢水でさらすときの酢と水は材料に表記していません。

● 使用している材料は料理をおいしく作る目安となるもので、ほかの材料を代用するなど、自分でアレンジするのもおすすめです。

● だし汁は昆布とカツオ節で取るとおいしいですが、市販の「めんつゆ」や「和風だしの素」を使用すると便利です。

アイデア帖の ①

温かいおつゆの
かけうどん

温かいうどんに、温かいつゆをたっぷりかけて。
和、洋、中と、懐深いうどんの魅力を味わえます。

プリプリなすうどん

ひと手間加えて魅惑の食感に！

材料 (1人前)

冷凍うどん…1玉
なす…1本
三つ葉…適量
片栗粉…適量
Ⓐ 白だし…大さじ2½
　 水…1½カップ

作り方

1　なすは皮をむき、細切りにする。
　　三つ葉はきざむ。

2　1のなすに片栗粉をまぶしてゆ
　　でる。

3　鍋にAを入れ、中火で温める。

4　冷凍うどんを袋の表示に従って
　　加熱し、器に盛りつけ、3をは
　　り、1の三つ葉と2をのせる。

たけのこと油揚げのうどん

シャキシャキした歯ごたえを楽しんで

材料（1人前）

冷凍うどん…1玉
たけのこ（水煮）…30g
油揚げ…½枚
三つ葉…適量
Ⓐ めんつゆ…大さじ3
水…1½カップ

作り方

1 たけのこは薄切りにし、油揚げは1cm幅、三つ葉は3cm長さに切る。

2 鍋にＡ、1のたけのこ、油揚げを入れ、ひと煮立ちさせる。

3 冷凍うどんを袋の表示に従って加熱し、器に盛りつけ、2をかける。1の三つ葉を添える。

鶏肉の八角煮うどん

八角の鮮烈な風味が後を引く

材料（1人前）

冷凍うどん…1玉
鶏もも肉…1/2枚
長ねぎ…適量
Ⓐ
八角…1個
醤油…大さじ2
酒…大さじ2
砂糖…大さじ2
水…1/3カップ
Ⓑ
白だし…大さじ2 1/2
水…1 1/2カップ

作り方

1 鍋にⒶと鶏肉を入れ、鶏肉に火が通るまで煮る。長ねぎは白髪ねぎにする。

2 別の鍋にⒷを入れ、中火で温める。

3 冷凍うどんを袋の表示に従って加熱し、器に盛りつけ、2をはる。1の鶏肉を切ってのせ、白髪ねぎを添える。

きんぴら肉うどん

定番惣菜はうどんとも相性抜群

材料 (1人前)

冷凍うどん…1玉
ごぼう…¼本
にんじん…20g
牛こま切れ肉…50g
炒め油…適量
Ⓐ 醤油…小さじ2
　 砂糖…小さじ1
　 酒…小さじ1
Ⓑ めんつゆ…大さじ3
　 水…1½カップ

作り方

1　ごぼうとにんじんは千切りにし、ごぼうは酢水にさらす。牛肉はひと口大に切る。
2　フライパンに油を熱し、1のごぼうとにんじんを炒め、しんなりしたら、牛肉を加える。
3　全体に火が通ったら、Ⓐを加えてさっと炒める。
4　鍋にⒷを入れ、中火で温める。
5　冷凍うどんを袋の表示に従って加熱し、器に盛りつけ、4をはり、3をのせる。

酸辣湯風うどん
サンラータン
酸味がうまさを引き立てる

材料（1人前）

冷凍うどん…1玉
鶏むね肉…60g
生しいたけ…1枚
にんじん…20g
卵…1個
酢…大さじ1
あらびき黒こしょう…適量

Ⓐ
鶏ガラスープの素…小さじ2
塩…小さじ⅓
おろしにんにく…少々
水…1½カップ

作り方

1 しいたけは薄切り、にんじんは細切りにする。鶏肉はひと口大に切る。

2 鍋にＡと1を入れ、鶏肉に火が通るまで煮る。卵を溶いて入れ、酢を加える。

3 冷凍うどんを袋の表示に従って加熱し、器に盛りつけ、2をかける。黒こしょうをふる。

中華風あんかけうどん

ほっこり体があたたまる

材料（1人前）

冷凍うどん…1玉
しめじ…30g
卵…1個
ワカメ（乾燥）…適量
水溶き片栗粉…適量

Ⓐ
鶏ガラスープの素…小さじ2
塩…小さじ⅓
おろしにんにく…少々
水…1½カップ

作り方

1　しめじは小房に分け、ワカメは水でもどす。

2　鍋にＡと1のしめじを入れ、ひと煮立ちさせる。水溶き片栗粉でとろみをつける。

3　2に卵を溶いて入れ、1のワカメを加える。

4　冷凍うどんを袋の表示に従って加熱し、器に盛りつけ、3をかける。

カリカリじゃこと三つ葉のうどん

じゃこの香ばしさが讃岐風つゆとぴったりマッチ

材料（1人前）

冷凍うどん…1玉
ちりめんじゃこ…適量
三つ葉…適量
ごま油…適量

Ⓐ
┌ 薄口醤油…小さじ½
│ 酒…大さじ½
│ 塩…小さじ½
└ いりこだし…1½カップ

作り方

1　三つ葉は3cm長さに切る。
2　フライパンにごま油を熱し、ちりめんじゃこをカリカリになるまで炒める。
3　鍋にＡを入れ、中火で温める。
4　冷凍うどんを袋の表示に従って加熱し、器に盛りつけ、3をはる。1と2をのせる。

アボカド豆乳うどん

まろやかでやさしい味わい

材料（1人前）

冷凍うどん…1玉
鶏もも肉…50g
生しいたけ…適量
にんじん…適量
アボカド…¼個
豆乳…½カップ
Ⓐ 白だし…大さじ2
水…1カップ

作り方

1　鶏肉はひと口大に切る。しいたけは薄切り、にんじんは細切りにする。

2　アボカド、Ⓐをミキサーにかける。

3　鍋に1と2を入れ、鶏肉に火が通るまで煮る。豆乳を加え、ひと煮立ちさせて火を止める。

4　冷凍うどんを袋の表示に従って加熱し、器に盛りつけ、3をかける。

アサリとアスパラの
うまみうどん

具のうまみと野菜の甘みがじんわり

材料（1人前）

冷凍うどん…1玉
アサリ…100g
アスパラガス…2本
キャベツ…1枚
しょうが…適量
Ⓐ 白だし…大さじ2½
水…1½カップ

作り方

1 アサリは約3％の塩水に1時間から一晩つけて砂をはかせ、殻をこすり合わせるようにしてよく洗う。

2 アスパラガスは3cm長さ、キャベツは2cm幅に切る。しょうがは千切りにする。

3 鍋にＡ、1、2のアスパラガス、キャベツを入れ、アサリの殻が開くまで煮る。

4 冷凍うどんを袋の表示に従って加熱し、器に盛りつけ、3をかける。2のしょうがをのせる。

きのこのあんかけうどん

ほっとひと息、滋味あふれる一杯

材料（1人前）

冷凍うどん…1玉
好みのきのこ…50ｇ
あさつき…適量
水溶き片栗粉…適量
Ⓐ めんつゆ…大さじ3
水…1½カップ

作り方

1 きのこは食べやすい大きさに切り、あさつきは小口切りにする。

2 鍋にＡと1のきのこを入れ、ひと煮立ちさせる。水溶き片栗粉を加えてとろみをつける。

3 冷凍うどんを袋の表示に従って加熱し、器に盛りつけ、2をかけ、1のあさつきを散らす。

かき玉きのこうどん

お好きなきのこで召し上がれ

材料（1人前）

冷凍うどん…1玉
好みのきのこ…50g
卵…1個
青ねぎ…適量
水溶き片栗粉…適量
- Ⓐ めんつゆ…大さじ3
  水…1½カップ

作り方

1. きのこは食べやすい大きさに切り、青ねぎは小口切りにする。
2. 鍋にⒶと1のきのこを入れて煮る。
3. きのこに火が通ったら、水溶き片栗粉でとろみをつけ、卵を溶いて入れる。
4. 冷凍うどんを袋の表示に従って加熱し、器に盛りつけ、3をかけ、1の青ねぎを添える。

揚げもちのなめこうどん

ボリューム◎でおなかも大満足

材料（1人前）

冷凍うどん…1玉
もち…小2個
なめこ…½袋
長ねぎ…適量
三つ葉…適量
揚げ油…適量
Ⓐ めんつゆ…大さじ3
　 水…1½カップ

作り方

1　もちは表面がカリッとなるまで油で揚げる。
2　長ねぎは白髪ねぎにし、三つ葉はざく切りにする。
3　鍋にAを入れて煮立て、なめこを入れてひと煮立ちさせる。
4　冷凍うどんを袋の表示に従って加熱し、器に盛りつけ、3をかける。
5　4に1と2をのせる。

根菜のしっぽくうどん

讃岐の郷土料理をアレンジ

材料（1人前）

冷凍うどん…1玉
にんじん…20g
れんこん…20g
ごぼう…20g
鶏もも肉…50g
青ねぎ…適量
炒め油…適量

A
薄口醤油…小さじ 1/2
酒…大さじ 1/2
塩…小さじ 1/2
いりこだし…1 1/2 カップ

作り方

1 にんじんとれんこんはいちょう切りにする。ごぼうは斜め切りにし、酢水にさらす。鶏肉はひと口大に切り、青ねぎは小口切りにする。

2 鍋に油を熱し、青ねぎ以外の1の材料をさっと炒める。

3 2にAを加え、野菜がやわらかくなるまで煮る。

4 冷凍うどんを袋の表示に従って加熱し、器に盛りつけ、3をかけ、1の青ねぎを散らす。

あんかけはくさいうどん

ちゃんぽん風のにぎやかなメニュー

材料（1人前）

冷凍うどん…1玉
にんじん…30g
はくさい…1枚
生しいたけ…1枚
豚バラ肉…40g
炒め油…適量
水溶き片栗粉…適量

Ⓐ
鶏ガラスープの素…小さじ2
塩…小さじ⅓
おろしにんにく…少々
水…1½カップ

作り方

1 にんじんは半月切りにし、はくさいは3cm
幅、しいたけは1cm幅、豚肉はひと口大に
切る。

2 鍋に油を熱し、1の豚肉を炒め、火が通っ
たら、1の野菜を加えてさっと炒める。

3 2にＡを加え、ひと煮立ちさせる。水溶き
片栗粉でとろみをつける。

4 冷凍うどんを袋の表示に従って加熱し、器
に盛りつけ、3をかける。

鶏スープうどん

ナンプラーを入れてアジア風にしても◎

材料（1人前）

冷凍うどん…1玉
鶏手羽…2本
青ねぎ…適量
あらびき黒こしょう…少々
Ⓐ 鶏ガラスープの素…小さじ1
　水…1½カップ
　塩…小さじ⅓

作り方

1　青ねぎは小口切りにする。
2　鍋にⒶと鶏手羽を入れ、やわらかくなるまで15分ほど煮る。
3　冷凍うどんを袋の表示に従って加熱し、器に盛りつけ、2をかける。1を散らし、黒こしょうをふる。

牛肉うどん

小細工ナシの王道うどん

材料（1人前）

冷凍うどん…1玉
牛薄切り肉…100g
青ねぎ…2本
Ⓐ めんつゆ…大さじ3
　　水…1½カップ

作り方

1 青ねぎは3cm長さの斜め切りにし、牛肉は
ひと口大に切る。

2 鍋にⒶを入れ、中火で温める。

3 2に1を入れ、火が通るまで煮る。

4 冷凍うどんを袋の表示に従って加熱し、器
に盛りつけ、3をかける。

根菜豚汁うどん

寒～い季節はおいしさ倍増!

材料(1人前)

冷凍うどん…1玉
にんじん…20g
大根…20g
里いも…1個
豚バラ肉…30g
青ねぎ…適量
おろしにんにく…適量
みそ…大さじ2
炒め油…適量
だし汁…1½カップ

作り方

1 にんじんと大根は拍子木切りにし、里いも、豚肉はひと口大に切る。青ねぎは小口切りにする。

2 鍋に油を熱し、1の豚肉を炒める。火が通ったら、青ねぎ以外の1の野菜も加え、さっと炒める。

3 2にだし汁を加え、野菜がやわらかくなるまで煮る。おろしにんにくを加え、みそを溶く。

4 冷凍うどんを袋の表示に従って加熱し、器に盛りつけ、3をかける。1の青ねぎを添える。

れんこんとぎんなんのうどん

味わい深い大人の一杯

材料（1人前）

冷凍うどん…1玉
れんこん…20g
ぎんなん…5粒
塩…適量
あらびき黒こしょう…適量
揚げ油…適量
Ⓐ 白だし…大さじ2½
　 水…1½カップ

作り方

1 れんこんは皮をむいて酢水にさらし、包丁の背で食べやすい大きさにたたき割る。ぎんなんは殻を取る。

2 油で1を素揚げにし、塩と黒こしょうで味を調える。

3 鍋にAを入れ、中火で温める。

4 冷凍うどんを袋の表示に従って加熱し、器に盛りつけ、3をはり、2をのせる。

あったか雪見うどん

体の芯からぽかぽかに

材料 (1人前)

冷凍うどん…1玉
かぶ…小3個
みず菜…適量
鶏ささみ肉…1本
水溶き片栗粉…適量
Ⓐ 白だし…大さじ2½
水…1½カップ

作り方

1. かぶはすりおろし水気を切る。みず菜は葉の部分をちぎる。鶏肉はひと口大に切る。
2. 鍋にⒶと1の鶏肉を入れ、ひと煮立ちさせる。水溶き片栗粉でとろみをつける。
3. 2に1のかぶを加えてひと煮立ちさせる。
4. 冷凍うどんを袋の表示に従って加熱し、器に盛りつけ、3をかけ、1のみず菜をのせる。

さ さ み と み ず 菜 の ゆ ず か け う ど ん

ゆずのアクセントで風味豊かに

材料(1人前)

冷凍うどん…1玉
鶏ささみ肉…1本
みず菜…適量
ゆず…適量
酒…小さじ1
塩…少々
Ⓐ 白だし…大さじ2½
水…1½カップ

作り方

1　みず菜は3cm長さに切り、ゆず
　　は皮をすりおろす。
2　鶏肉に酒と塩で下味をつける。
　　ラップをして電子レンジで2分
　　半加熱し、身をほぐす。
3　鍋にⒶ、1のみず菜、2を入れ、
　　ひと煮立ちさせる。
4　冷凍うどんを袋の表示に従って
　　加熱し、器に盛りつけ、3をか
　　ける。1のゆずを散らす。

こまつ菜と豚肉の煮浸しうどん

うまみがじわっと浸み出る

材料(1人前)

冷凍うどん…1玉
こまつ菜…¼束
豚バラ肉…50g
しょうが…10g
糸とうがらし…適量
炒め油…適量
Ⓐ 白だし…大さじ2½
　水…1½カップ

作り方

1 こまつ菜は3cm長さに切る。豚肉はひと口大に切り、しょうがは千切りにする。

2 フライパンに油を熱し、1の豚肉としょうがを炒める。火が通ったら、こまつ菜を加え、さっと炒める。

3 鍋にⒶを入れ、中火で温める。

4 冷凍うどんを袋の表示に従って加熱し、器に盛りつけ、3をはり、2と糸とうがらしをのせる。

大根とひき肉のピリ辛うどん
元気が出てくるホットなおいしさ

材料（1人前）

冷凍うどん…1玉
大根…80g
豚ひき肉…50g
にら…10g
酒…大さじ ½
にんにく…適量
しょうが…適量
キムチ鍋の素（ストレートタイプ・市販）…1½ カップ
ごま油…適量

作り方

1　にらは2cm長さに切り、大根は細切りにする。にんにくとしょうがはみじん切りにする。

2　鍋にごま油と1のにんにくとしょうがを熱し、香りが出たら豚肉を加える。肉の色が変わったら、酒を加える。

3　豚肉に火が通ったら、キムチ鍋の素と1の大根を加え、やわらかくなるまで煮る。

4　冷凍うどんを袋の表示に従って加熱し、器に盛りつけ、3をかけ、1のにらをのせる。

はくさいと豚肉うどん

相性の良さは折り紙つき

材料 (1人前)

冷凍うどん…1玉
はくさい…1枚
豚バラ肉…50g
ゆず (皮) …適量
- Ⓐ
  白だし…大さじ2½
  水…1½カップ

作り方

1 はくさいは1cm幅、豚肉はひと口大に切る。

2 鍋にⒶと1を入れ、豚肉に火が通るまで煮る。

3 冷凍うどんを袋の表示に従って加熱し、器に盛りつけ、2をかけ、ゆずの皮を添える。

鶏から揚げうどんアジアン風

ひねりの利いたがっつり系メニュー

材料（1人前）

冷凍うどん…1玉
玉ねぎ…30g
鶏もも肉…100g
パクチー…適量
片栗粉…適量
揚げ油…適量

Ⓐ
　おろしにんにく…小さじ½
　おろししょうが…小さじ½
　酒…小さじ1
　しょうゆ…小さじ2
　鶏ガラスープの素…小さじ2

Ⓑ
　水…1½カップ
　ナンプラー…大さじ1
　酢…小さじ1
　塩…少々
　こしょう…少々

作り方

1　鶏肉はひと口大に切り、Ａを揉み込んで10分置き、片栗粉をまぶし、油で揚げる。
2　玉ねぎは薄切りにする。
3　鍋にＢと2を入れ、しんなりするまで煮る。
4　冷凍うどんを袋の表示に従って加熱し、器に盛りつけ、3をかけ、1とパクチーをのせる。

菊花うどん

食卓がぱっと華やぐ

材料（1人前）

冷凍うどん…1玉
チンゲン菜…適量
菊の花（食用）…1個
水溶き片栗粉…適量
Ⓐ 白だし…大さじ2½
　水…1½カップ

作り方

1 チンゲン菜は塩ゆでにし、長ければ食べやすい長さに切る。菊の花は酢を入れた熱湯でさっとゆで、水にさらし、ザルにあげて水分を切る。

2 鍋にⒶを入れて中火で温め、水溶き片栗粉でとろみをつける。火を止めてから1の菊の花を入れる。

3 冷凍うどんを袋の表示に従って加熱し、器に盛りつけ、2をかけ、1のチンゲン菜をのせる。

高菜と豚肉のスープうどん

スープに溶け出す濃厚なうま味

材料（1人前）

冷凍うどん…1玉
豚ひき肉…50g
高菜漬け…50g
にんにく…½片
ごま油…適量
塩…適量
こしょう…適量
Ⓐ 鶏ガラスープの素…小さじ1
　　水…1½カップ

作り方

1 高菜漬けは細かくきざむ。にんにくは、みじん切りにする。
2 鍋にごま油と1のにんにくを熱し、香りが出たら豚肉を炒める。肉の色が変わったら、Ⓐと1の高菜漬けを加え、塩とこしょうで味を調える。
3 冷凍うどんを袋の表示に従って加熱し、器に盛りつけ、2をかける。

牛肉フォー風うどん
ベトナムの国民食をうどんで

材料（1人前）

冷凍うどん…1玉
にら…20g
牛薄切り肉…100g
もやし…50g
パクチー…適量

(A)
鶏ガラスープの素…小さじ2
塩…小さじ½
おろしにんにく…少々
水…1½カップ

(B)
ナンプラー…小さじ1
こしょう…適量

作り方

1 にらはざく切りにし、牛肉はひと口大に切る。

2 鍋にAを入れ、中火で温め、1の牛肉を入れる。火が通ったら、いったん牛肉を取り出す。

3 2に1のにらともやしを加え、さっと煮る。Bを加えて味を調える。

4 冷凍うどんを袋の表示に従って加熱し、器に盛りつける。2と3をかけ、パクチーを添える。

豚バラ肉豆腐うどん

玉ねぎの甘味でやさしい味わいに

材料（1人前）

冷凍うどん…1玉
豚バラ肉…100g
玉ねぎ…½個
絹豆腐…⅙丁
ゆずこしょう…適量
Ⓐ めんつゆ…大さじ3
Ⓐ 水…1½カップ

作り方

1 玉ねぎは薄切りにし、豆腐と豚肉は食べやすい大きさに切る。

2 鍋にⒶを入れ、1の豚肉を入れて煮る。

3 豚肉に火が通ったら1の玉ねぎと豆腐を加え、ひと煮立ちさせる。

4 冷凍うどんを袋の表示に従って加熱し、器に盛りつけ、3をかける。ゆずこしょうを添える。

\ 冬の醍醐味 /
煮込みうどん

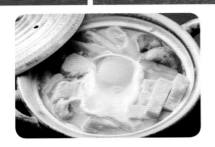

みそ煮込みうどん

材料（1人前）

冷凍うどん…1玉
鶏もも肉…50g
にんじん…¼本
長ねぎ…⅓本
生しいたけ…1枚
油揚げ…¼枚
卵…1個
Ⓐ だし汁…2カップ
　 醤油…小さじ2
　 みりん…小さじ2
　 酒…大さじ1
　 みそ…大さじ1½

作り方

1 鶏肉はひと口大、しいたけは半分、油揚げは1cm幅に切る。にんじんは薄切りにし、長ねぎは3cm長さの斜め切りにする。
2 土鍋にＡを入れ火にかける。沸騰したら1の鶏肉を加え、ひと煮立ちさせる。
3 2に凍ったままのうどん、1の野菜と油揚げを加え、フタをする。
4 野菜が煮えたら、卵を落とす。

鍋焼きうどん

材料（1人前）

冷凍うどん…1玉
鶏もも肉…50g
こまつ菜…適量
卵…1個
かまぼこ…1枚
Ⓐ めんつゆ…大さじ4
　 水…2カップ

作り方

1 鶏肉はひと口大に切る。こまつ菜はゆで、4cm長さに切る。
2 土鍋にＡと1の鶏肉を入れ、フタをして火が通るまで煮る。
3 2に凍ったままのうどんを加えてひと煮し、卵を落とす。1のこまつ菜とかまぼこを添える。

ほうれん草と
はくさいのうどんすき

材料（1人前）

冷凍うどん…1玉
ほうれん草…½束
はくさい…2枚
生しいたけ…1枚
鶏もも肉…¼枚
エビ…適量
Ⓐ みりん…大さじ1⅓
　薄口醤油…大さじ1⅓
　だし汁…2カップ

作り方

1　鶏肉はひと口大に切り、しいたけ
　は石づきを取る。
2　ほうれん草とはくさいをゆでる。
　ほうれん草をはくさいで巻き、2
　cm幅に切る。
3　土鍋にＡと1を入れ、ひと煮立ち
　させる。
4　3に凍ったままのうどんと2と
　エビを加え、ひと煮立ちさせる。

なすだしうどん

材料（1人前）

冷凍うどん…1玉
なす…1本
糸とうがらし…適量
炒め油…適量
Ⓐ 醤油…大さじ1½
　砂糖…大さじ1½
　水…¾カップ

作り方

1　なすは縦半分に切り、皮目に切り
　込みを入れる。
2　フライパンに油を熱し、1を炒め
　る。なすがしんなりしてきたら、
　Ａを加えて煮ふくめる。
3　冷凍うどんは袋の表示に従って
　加熱する。
4　2に3を加え、ひと煮立ちさせる。
　器に盛りつけ、糸とうがらしを添
　える。

47

混ぜて・和えて 汁なしのうどん

もどしたうどんに、混ぜたり和えたりするだけで
絶品メニューに早変わり。多彩なバリエーションを楽しんで。

そぼろときざみ薬味 うどん

混ぜ混ぜすればおいしさ広がる

材料（1人前）

冷凍うどん…1玉
牛・豚合びき肉…80g
大葉…適量
青ねぎ…適量
   おろしにんにく…適量
   おろししょうが…適量
Ⓐ めんつゆ…大さじ1
   酒…小さじ2
   みそ…小さじ2

作り方

1　大葉は千切り、青ねぎは小口切りにする。

2　耐熱ボウルにひき肉とＡをよく混ぜ、ラップをかけて電子レンジで3分加熱する。全体を混ぜ、さらに1分加熱する。

3　冷凍うどんを袋の表示に従って加熱し、器に盛りつけ、2をのせて、1の大葉と青ねぎをたっぷり添える。

タラマヨうどん

アスパラガスがよいアクセントに

材料（1人前）

冷凍うどん…1玉
アスパラガス…2本
タラコ…½腹
マヨネーズ…大さじ2
チャービル…適量
あらびき黒こしょう…適量

作り方

1　アスパラガスはゆで、5 cm長さに切る。
2　薄皮を取ったタラコとマヨネーズを混ぜ合わせる。
3　冷凍うどんを袋の表示に従って加熱し、ボウルに入れて、2 と和える。
4　3 を器に盛りつけ、1 をのせる。チャービルを添えて黒こしょうをふる。

温たま薬味うどん

シンプルだけど間違いナシ!

材料 (1人前)

冷凍うどん…1玉
三つ葉…適量
クレソン…適量
温泉卵…1個
だし醤油 (市販)…適量

作り方

1 三つ葉とクレソンをきざむ。
2 冷凍うどんを袋の表示に従って加熱し、器に盛りつけ、温泉卵をのせる。
3 2に1をのせ、だし醤油をかける。

じゃことザーサイの
和えうどん

ごま油が食欲をそそる

材料（1人前）

冷凍うどん…1玉
ちりめんじゃこ…25g
ザーサイ…10g
長ねぎ…適量
ごま油…小さじ2
醤油…小さじ1
あらびき黒こしょう…適量

作り方

1 フライパンでごま油小さじ1を
　熱し、ちりめんじゃこをカリカ
　リになるまで炒める。

2 冷凍うどんは袋の表示に従って
　加熱し、冷水にとって冷やす。

3 器に2を盛りつけ、1、ザーサイ、
　白髪ねぎにした長ねぎをのせる。

4 フライパンに残りのごま油を熱
　し、3にかける。醤油と黒こしょ
　うで味を調える。

玉ねぎのおかかまぶしうどん

ささっと作れる時短レシピ

材料（1人前）

冷凍うどん…1玉
玉ねぎ…¼個
カツオ節…適量
マヨネーズ…適量
Ⓐ めんつゆ…大さじ2
水…⅓カップ

作り方

1 玉ねぎは薄切りにし、カツオ節と混ぜ合わせる。
2 冷凍うどんは袋の表示に従って加熱し、冷水にとって冷やす。
3 器に2を盛りつけ、1をのせる。Ⓐを混ぜ合わせてかけ、マヨネーズを添える。

オイルサーディンうどん

缶詰を上手に取り入れて

材料（1人前）

冷凍うどん…1玉
アスパラガス…2本
青菜（ほうれん草、こまつ菜など）
　…適量
オイルサーディン（缶詰）…2尾
にんにく…1片
塩…少々
あらびき黒こしょう…少々

作り方

1　アスパラガスと青菜は食べやすい大きさに
　切る。にんにくは包丁でつぶす。

2　冷凍うどんは袋の表示に従って加熱する。

3　フライパンにオイルサーディンの油と1の
　にんにくを熱し、香りが出たら、1のアス
　パラガスと青菜、2、オイルサーディンを
　加えてさっと炒める。

4　塩と黒こしょうで味を調え、器に盛りつける。

大葉とみょうがの
冷やしうどん

オニドレでさっぱりと、涼しい一品

材料（1人前）

冷凍うどん…1玉
大葉…適量
みょうが…適量
玉ねぎ…適量
かにかまぼこ…1本
錦糸卵（市販）…適量
かいわれ菜…適量
オニオンドレッシング（市販）
　…適量

作り方

1　大葉とみょうがは細切りにし、玉ねぎは薄切りにする。

2　冷凍うどんは袋の表示に従って加熱し、冷水にとって冷やす。

3　2を器に盛りつけ、1、かにかまぼこ、錦糸卵、かいわれ菜をのせ、オニオンドレッシングをかける。

伊勢うどん

一度は味わいたい独特のつゆ

材料 (1人前)

冷凍うどん…1玉
かまぼこ…1枚
青ねぎ…適量
Ⓐ みりん…90cc
　酒…大さじ2
　たまり醤油…大さじ4
　薄口醤油…大さじ4
Ⓑ 砂糖…大さじ1⅓
　昆布…10cm角
　カツオ節…10g

作り方

1　青ねぎは小口切りにする。
2　鍋にⒶを熱し、アルコール分を煮きる。Ⓑを加えてひと煮立ちさせ、ざるでこす。
3　冷凍うどんを袋の表示に従って加熱し、器に盛りつけ、2を大さじ1〜2かける。1とかまぼこをのせる。

ちくわと梅肉の和えうどん

梅の風味がクセになる

材料（1人前）

冷凍うどん…1玉
ちくわ…1本
玉ねぎ…20g
梅肉…大さじ ½
カツオ節…適量
かいわれ菜…適量
炒め油…適量

作り方

1 玉ねぎは薄切りにし、ちくわは食べやすい大きさに切る。

2 冷凍うどんは袋の表示に従って加熱し、冷水にとって冷やす。

3 フライパンに油を熱し、1を炒める。玉ねぎがしんなりしたら火を止め、2、梅肉、カツオ節を加えて和える。

4 3を器に盛りつけ、かいわれ菜を添える。

トマトとオクラの
和風和えうどん

夏の旬菜とともにごま和え風に

材料（1人前）

冷凍うどん…1玉
トマト…1個
オクラ…3本
Ⓐ めんつゆ…大さじ1½
　 すりごま…大さじ2

作り方

1　トマトはざく切り、オクラは輪切りにする。

2　冷凍うどんは袋の表示に従って加熱し、冷水にとって冷やす。

3　ボウルにＡ、1、2を混ぜ合わせ、器に盛りつける。

トマトの冷製うどん
洒脱なイタリアン的アプローチ

材料（1人前）

冷凍うどん…1玉
トマト…1個
にんにく…½片
バジル…適量

Ⓐ
アンチョビペースト…小さじ½
オリーブオイル…大さじ1½
レモン汁…小さじ2
塩…少々
こしょう…少々

作り方

1 トマトはざく切り、にんにくはみじん切りにし、バジルは手でちぎる。

2 ボウルにＡと1を混ぜ、冷蔵庫で冷やす。

3 冷凍うどんは袋の表示に従って加熱し、冷水にとって冷やす。

4 よく水を切った3を2に加えて和える。器に盛りつけて、バジルを添える。

ささみとトマトの
冷製アジアンうどん

ナンプラーとパクチーでアジア感アップ!

材料（1人前）

冷凍うどん…1玉
鶏ささみ肉…1本
トマト…1個
紫玉ねぎ…¼個
酒…小さじ2
塩…少々
ごま油…小さじ2
パクチー…適量

Ⓐ
　ナンプラー…大さじ½
　醤油…小さじ½
　酢…小さじ2
　砂糖…小さじ½
　塩…少々

作り方

1　トマトはひと口大に切り、紫玉ねぎは薄切りにする。

2　冷凍うどんは袋の表示に従って加熱し、冷水にとって冷やす。

3　鶏肉に酒と塩で下味をつける。ラップをして電子レンジで2分半加熱し、身をほぐす。

4　ボウルに1、2、3、Aを入れて和える。

5　器に盛りつけ、フライパンで熱したごま油をかける。パクチーを添える。

サケととんぶりの
釜たまうどん

サケのうま味ととんぶりの食感が◎

材料（1人前）

冷凍うどん…1玉
サケフレーク…30g
とんぶり…適量
卵…1個
青ねぎ…適量
白だし…大さじ1

作り方

1　とんぶりは熱湯をかけ、臭みをとる。青ねぎは小口切りにする。

2　冷凍うどんは袋の表示に従って加熱する。

3　器に卵、白だしをよく混ぜ合わせ、1のとんぶり、2、サケフレークを和える。1の青ねぎを添える。

まいたけとサケの黒ごまうどん

これぞ取り合わせの妙

材料（1人前）

冷凍うどん…1玉
まいたけ…40g
サケフレーク…40g
塩…少々
酒…少々

Ⓐ
練り黒ごま…大さじ1
すり黒ごま…大さじ1
醤油…大さじ½
酢…大さじ½
しょうがのしぼり汁…小さじ1
砂糖…小さじ½

作り方

1　まいたけは塩と酒で下味をつけ、網で焼く。
2　冷凍うどんは袋の表示に従って加熱し、冷水にとって冷やす。
3　Ⓐを混ぜ合わせる。
4　ボウルに2と3を大さじ1〜2入れて和える。
5　器に盛りつけ、サケフレークと1をのせる。

温たまネバマヨうどん

冷蔵庫の材料でパパッと仕上げる

材料 (1人前)

冷凍うどん…1玉
温泉卵…1個
納豆…1パック
青ねぎ…適量
マヨネーズ…適量
だし醤油 (市販) …適量

作り方

1　青ねぎは小口切りにする。
2　冷凍うどんを袋の表示に従って加熱し、器に盛りつけ、温泉卵と納豆をのせる。
3　1を散らし、マヨネーズを添え、だし醤油をかける。

肉みそうどん

ピリ辛の肉みそが千切りきゅうりとマッチ

材料 (1人前)

冷凍うどん…1玉
鶏ひき肉…100g
きゅうり…適量
にんにく…1片
ごま油…適量

Ⓐ
- コチュジャン…小さじ2
- みそ…小さじ2
- 酒…大さじ1
- 砂糖…小さじ1
- 醤油…小さじ1
- 白ごま…小さじ2

作り方

1　きゅうりは千切りにし、にんにくはみじん切りにする。Ⓐはよく混ぜ合わせる。

2　冷凍うどんは袋の表示に従って加熱し、冷水にとって冷やす。

3　フライパンにごま油と1のにんにくを熱し、鶏肉を炒める。肉の色が変わったら1のⒶを加える。

4　器に2を盛りつけ、1のきゅうりと3をのせる。

担々麺風ツナうどん
タンタンメン

お好みで辛味をプラスしても

材料（1人前）

冷凍うどん…1玉
ツナ（缶詰）…50g
ザーサイ…10g
長ねぎ…適量
青ねぎ…適量
Ⓐ
　練り白ごま…小さじ2
　酢…小さじ2
　醤油…小さじ1

作り方

1　ザーサイと長ねぎはみじん切り、青ねぎは小口切りにする。
2　ボウルにＡを入れ、1のザーサイ、長ねぎとツナを加え、混ぜ合わせる。
3　冷凍うどんを袋の表示に従って加熱し、2と和えて、器に盛りつける。1の青ねぎを散らす。

春菊のコチュジャンうどん

コク深い辛さがたまらない

材料（1人前）

冷凍うどん…1玉
春菊…適量
長ねぎ…適量

(A)
コチュジャン…小さじ1
醤油…小さじ1
酢…小さじ2
おろしにんにく…少々
すり白ごま…小さじ2

作り方

1　春菊は3cm長さに切る。長ねぎは白髪ねぎ
　　にする。
2　冷凍うどんは袋の表示に従って加熱する。
3　ボウルにAと1の春菊、2を混ぜ合わせる。
　　器に盛りつけ、1の白髪ねぎをのせる。

タイ風うどん

ライムとパクチーの効果てきめん

材料（1人前）

冷凍うどん…1玉
豚ひき肉…100g
紫玉ねぎ…20g
ライム…½個
パクチー…適量
Ⓐ
　鶏ガラスープの素
　　…小さじ2
　ナンプラー…小さじ2
　砂糖…小さじ1
　水…大さじ1
　赤とうがらし（輪切り）
　　…少々
　ごま油…小さじ1

作り方

1　紫玉ねぎは薄切りにし、ライムは⅓程度に切る。

2　鍋に豚肉とⒶを混ぜ合わせ、豚肉に火が通るまで炒める。1で切ったライムの残りを利用して、好みの量の果汁をしぼってかける。

3　冷凍うどんを袋の表示に従って加熱し、器に盛りつけ、1と2をのせパクチーを添える。

牛肉の冷しゃぶうどん

たれはお好みでOK

材料（1人前）

冷凍うどん…1玉
牛肉（しゃぶしゃぶ用）…50g
トマト…1/2個
玉ねぎ…1/4個
みず菜…適量
黒ごま…適量
にんにくチップ（市販）…適量
しゃぶしゃぶごまだれ（市販）
　…適量

作り方

1　牛肉は湯通しし、冷水にとる。トマトはざ
　く切り、玉ねぎは薄切りにする。みず菜は
　食べやすい大きさに切る。

2　冷凍うどんは袋の表示に従って加熱し、冷
　水にとって冷やす。

3　器に2を盛りつけ、1とにんにくチップ、
　黒ごまをのせ、ごまだれをかける。

ビビンバうどん

よーくかき混ぜていただく

材料（1人前）

冷凍うどん…1玉
大根…30g
もやし…50g
ほうれん草…50g
ぜんまい（水煮）…50g
卵黄…1個

A
　おろしにんにく…少々
　とうがらし粉…適量
　ごま油…少々
　塩…少々

B
　おろしにんにく…少々
　ごま油…少々
　塩…少々

C
　おろしにんにく…少々
　ごま油…小さじ1
　醤油…大さじ½
　こしょう…少々

作り方

1　大根は千切りにし、塩もみして、**A**と和える。

2　もやしとほうれん草はそれぞれゆで、**B**と和える。

3　耐熱ボウルにぜんまいと**C**を入れ、レンジで1分加熱する。

4　冷凍うどんを袋の表示に従って加熱し、器に盛りつける。**1**と**2**と**3**、卵黄をのせる。

カポナータうどん

テーブルにおいしい色彩を

材料（1人前）

冷凍うどん…1玉
なす…1本
トマト…1個
パプリカ（赤・黄）…各¼個
玉ねぎ…¼個
にんにく…1片
バジル…適量
オリーブオイル…適量
ワインビネガー…大さじ1
塩…適量
こしょう…適量

作り方

1 なす、トマト、パプリカはひと口大に切り、玉ねぎはみじん切りにする。にんにくは包丁でつぶす。
2 冷凍うどんは袋の表示に従って加熱し、冷水にとって冷やす。
3 フライパンにオリーブオイルと1のにんにくを入れ、香りが出るまで炒める。
4 1のなす、パプリカ、玉ねぎを加えて軽く炒める。ワインビネガーと1のトマトを加えてフタをし、全体がしんなりするまで蒸し煮にし、塩とこしょうで味を調える。
5 器に2を盛りつけ、4をかけてバジルを添える。

ねぎ塩うどん

黒こしょうをたっぷりふって

材料（1人前）

冷凍うどん…1玉
長ねぎ…1本
ごま油…大さじ½
あらびき黒こしょう…少々
A｜塩…小さじ⅓
　｜酒…大さじ1
　｜水…¼カップ

作り方

1 長ねぎは小口切りにする。
2 冷凍うどんは袋の表示に従って加熱する。
3 鍋にごま油と1を入れ、フタをして蒸し焼きにする。
4 長ねぎがしんなりしたら、Aを加えひと煮立ちさせる。
5 器に2を盛り、4をかけ、黒こしょうをふる。

めんたいバターうどん

辛子めんたいこはやっぱり偉大!

材料（1人前）

冷凍うどん…1玉
辛子めんたいこ… ½腹
青ねぎ…適量
きざみのり…適量
Ⓐ バター…大さじ1
　 レモン汁…小さじ1

作り方

1 　辛子めんたいこは薄皮を取り除き、青ねぎは小口切りにする。

2 　冷凍うどんを袋の表示に従って加熱し、ボウルに入れて、Ⓐと1の辛子めんたいこを加え、和える。

3 　2を器に盛りつけ、1の青ねぎときざみのりを散らす。

チーズクリーム
スープうどん

大人も子どももきっと大好き！

材料（1人前）

冷凍うどん…1玉
好みのきのこ…50g
ベーコン…1枚
バター…大さじ1
小麦粉…大さじ½
牛乳…1カップ
きざみパセリ…適量
Ⓐ ┌ 粉チーズ…大さじ2
　├ 塩…少々
　└ こしょう…少々

作り方

1　きのこは食べやすい大きさに切り、ベーコンは細切りにする。

2　鍋にバターを溶かし、1を炒める。全体に火が通ったら、小麦粉を加えてさっと炒める。

3　2に牛乳を加えてひと煮立ちさせ、Ⓐで味を調える。

4　冷凍うどんを袋の表示に従って加熱し、器に盛りつけ、3をかけ、きざみパセリをふる。

うどんカルボナーラ

パスタだけじゃないカルボナーラの新たな可能性

材料（1人前）

冷凍うどん…1玉
ベーコン…2枚
にんにく…½片
卵…1個
粉チーズ…大さじ1½
オリーブオイル…大さじ1
あらびき黒こしょう…適量

作り方

1　ベーコンは細切りにし、にんにくは包丁でつぶす。

2　フライパンにオリーブオイルと1のにんにくを熱し、香りが出たら1のベーコンを炒める。

3　ボウルに溶き卵、粉チーズを入れて混ぜ合わせ、熱いままの2を加えて混ぜる。

4　冷凍うどんを袋の表示に従って加熱し、3と和える。器に盛りつけ、黒こしょうをふる。

チーズと温泉卵のうどん

かぐわしきパルメザンチーズの魅力

材料（1人前）

冷凍うどん…1玉
パルメザンチーズ…適量
温泉卵…1個
塩…少々
あらびき黒こしょう…少々

作り方

1 パルメザンチーズは、スライサーで薄く削る。
2 冷凍うどんは袋の表示に従って加熱する。
3 ボウルに 1 と 2 を和える。
4 器に盛りつけ、温泉卵をのせ、塩と黒こしょうをふる。

スープカレーうどん

材料（1人前）

冷凍うどん…1玉
スープカレー（レトルト）…1袋
好みの野菜…適量

作り方

1 野菜は食べやすい大きさに切り、ゆでる。

2 スープカレーを温め、器に入れる。1を加える。

3 冷凍うどんを袋の表示に従って加熱し、別の器に盛りつける。

ブロッコリーの
クリームうどん

材料（1人前）

冷凍うどん…1玉
クラムチャウダー
（レトルト）…1袋
ブロッコリー…適量

作り方

1　ブロッコリーは食べやすい大き
　　さに切り、ゆでる。
2　クラムチャウダーを温める。
3　冷凍うどんを袋の表示に従って
　　加熱し、器に盛りつけ、2をかけ
　　る。1をのせる。

グリーンカレー
うどん

材料（1人前）

冷凍うどん…1玉
グリーンカレー
（レトルト）…1袋
好みの野菜…適量
パクチー…適量

作り方

1　野菜は食べやすい大きさに切り、
　　ゆでる。
2　グリーンカレーを温める。
3　冷凍うどんを袋の表示に従って
　　加熱し、器に盛りつけ、1をのせ
　　て2をかける。パクチーをのせる。

{ 親子うどん }

材料（1人前）

冷凍うどん…1玉
親子丼の素
（レトルト）…1袋
万願寺とうがらし
　…1本
きざみのり…適量

作り方

1　万願寺とうがらしは5mm幅の斜
　　め切りにする。
2　冷凍うどんは袋の表示に従って
　　加熱する。
3　親子丼を温める。
4　器に 2 を盛りつけ、3 をかける。
　　1 ときざみのりを散らす。

{ コーンスープうどん }

材料（1人前）

冷凍うどん…1玉
コーンスープ
（レトルト）…1袋
粉チーズ…適量
クルトン…適量

作り方

1　コーンスープを温める。
2　冷凍うどんは袋の表示に従って
　　加熱する。
3　器に 2 を盛りつけ、1 をかける。
　　粉チーズとクルトンをふる。

とろ～り アラビアータうどん

材料（1人前）

冷凍うどん…1玉
アラビアータソース
（市販）…1袋
卵…1個
バジル…適量

作り方

1 フライパンでアラビアータソースを温める。
2 冷凍うどんを袋の表示に従って加熱し、1に加える。
3 火を止めてから卵を溶いて入れ、固まらないように手早く混ぜる。
4 器に3を盛りつけ、バジルを添える。

麻婆豆腐うどん

材料（1人前）

冷凍うどん…1玉
麻婆豆腐の素
（レトルト）…½袋
豆腐…¼丁
青ねぎ…適量

作り方

1 豆腐はひと口大に切り、青ねぎは小口切りにする。
2 耐熱皿に麻婆豆腐の素と1の豆腐を入れ、ラップをして1分加熱する。
3 冷凍うどんを袋の表示に従って加熱し、器に盛りつけ、2をかけ1の青ねぎを散らす。

手早い・おいしい
ぶっかけうどん

目にも舌にも涼しげな爽やかメニューがずらり。
暑～い季節でも、食欲をぐいぐい刺激してくれます。

キャベツの
冷製きつねうどん

さくさくキャベツとパリパリきつねの名コンビ

材料（1人前）

冷凍うどん…1玉
キャベツ…2枚
油揚げ… 1/3枚
錦糸卵（市販）…適量
かいわれ菜…適量
おろししょうが…適量
Ⓐ めんつゆ…大さじ2
　 水…1/3カップ

作り方

1　キャベツはさっとゆで、ざく切りにする。

2　冷凍うどんは袋の表示に従って加熱し、冷水にとって冷やす。

3　油揚げはオーブントースターで焼き、焦げ目がついたら1cm幅に切る。

4　器に2を盛りつけ、1と3をのせる。

5　錦糸卵、かいわれ菜、おろししょうがを添える。Aを混ぜ合わせてかける。

そら豆のかき揚げぶっかけうどん

ちょっと贅沢なかき揚げで

材料 (1人前)

冷凍うどん…1玉
そら豆…5粒
玉ねぎ…30g
桜エビ…大さじ1
揚げ油…適量
A ┌ 天ぷら粉…大さじ3
  └ 水…適量
B ┌ めんつゆ…大さじ2
  └ 水…⅓カップ

作り方

1 そら豆はさやから出し、薄皮をむく。玉ねぎは薄切りにする。

2 冷凍うどんは袋の表示に従って加熱し、冷水にとって冷やす。

3 ボウルにAを混ぜ合わせ、1と桜エビを加えて軽く混ぜる。

4 油で3をきつね色に揚げる。

5 器に2を盛りつけ、4をのせる。Bを混ぜ合わせてかける。

ネバネバぶっかけうどん

みょうがでさっぱり夏にうれしい一品

材料（1人前）

冷凍うどん…1玉
オクラ…4本
みょうが…適量
ひき割り納豆…1パック
めかぶ（市販）…½パック

(A)
醤油…大さじ1
みりん…小さじ2
梅干し（つぶす）…小さじ1
酒…小さじ2
砂糖…小さじ½
だし汁…¼カップ

作り方

1 オクラはゆで、細かくきざむ。みょうがは千切りにする。

2 冷凍うどんは袋の表示に従って加熱し、冷水にとって冷やす。

3 Aを混ぜ合わせて鍋に入れ、ひと煮立ちさせて冷やす。

4 器に**2**を盛りつけ、**1**、納豆、めかぶをのせ、**3**をかける。

韓国風冷やしうどん

冷麺好きは、ぜひご賞味あれ

材料（1人前）

冷凍うどん…1玉
きゅうり…½本
トマト…¼個
もやし…30g
牛薄切り肉…50g
錦糸卵（市販）…適量
炒め油…適量
焼肉のタレ…適量
Ⓐ めんつゆ…大さじ2
水…⅓カップ

作り方

1 きゅうりは千切りにし、トマトはくし形切りにする。もやしはゆでる。

2 冷凍うどんは袋の表示に従って加熱し、冷水にとって冷やす。

3 フライパンに油を熱し、牛肉を炒める。火が通ったら、焼肉のタレとからめる。

4 器に2を盛りつけ、1、3、錦糸卵をのせる。Ⓐを混ぜ合わせてかける。

ゴーヤーとなすの
のっけ盛りうどん

ほのかな苦味がだしの風味とよく合う

材料（1人前）

冷凍うどん…1玉
ゴーヤー…⅓本
なす…1本
しょうが…適量
炒め油…適量
Ⓐ みそ…小さじ2
Ⓐ 酒…小さじ2
Ⓐ ねりごま…小さじ1
Ⓑ 白だし…大さじ2
Ⓑ 水…⅓カップ

作り方

1　わたを取ったゴーヤーとなすは薄切りにする。しょうがはみじん切りにする。
2　冷凍うどんは袋の表示に従って加熱し、冷水にとって冷やす。
3　フライパンに油を熱し、1のしょうがを炒める。香りが出たら、1のゴーヤーとなすを加え、しんなりするまで炒め、Ａを加えて味を調える。
4　器に2を盛りつけ、3をのせる。Ｂを混ぜ合わせてかける。

ピーマンとじゃこの冷やしうどん

たっぷりのせれば幸せに

材料（1人前）

冷凍うどん…1玉
ピーマン…2個
ちりめんじゃこ…適量
炒め油…適量

Ⓐ ┌ 白だし…大さじ2
　└ 水… ⅓ カップ

作り方

1　ピーマンは千切りにする。
2　フライパンに油を熱し、ちりめんじゃこをカリカリになるまで炒める。1を加え、ピーマンがしんなりするまで炒める。
3　冷凍うどんは袋の表示に従って加熱し、冷水にとって冷やす。
4　器に3を盛りつけ、2をのせる。Ⓐを混ぜ合わせてかける。

ツナおろしうどん

さっぱり味でいただきたいときに

材料（1人前）

冷凍うどん…1玉
ツナ（缶詰）…30ｇ
大根…適量
大葉…適量
トマト…¼個
Ⓐ めんつゆ…大さじ2
水…⅓カップ

作り方

1 大葉は千切り、トマトはくし形切りにする。大根は好みの量おろす。

2 冷凍うどんは袋の表示に従って加熱し、冷水にとって冷やす。

3 ボウルに1の大葉と大根おろしを入れ、混ぜ合わせる。

4 器に2を盛りつけ、1のトマト、3、ツナをのせる。Ⓐを混ぜ合わせてかける。

山形風だしのぶっかけうどん

ごはんのおともはうどんにも合う

材料（1人前）

冷凍うどん…1玉
鶏ささみ肉…1本
大葉…1枚
酒…適量
塩…適量
白だし…小さじ2

A
　きゅうり…⅓本
　なす…¼本
　みょうが…1本
　しょうが…少々

B
　めんつゆ…大さじ2
　水…⅓カップ

作り方

1　Aの野菜をみじん切りにしてボウルに入れ、白だしを混ぜ合わせる。

2　鶏肉は酒と塩で下味をつけ、ラップをして電子レンジで2分30秒加熱し、身をほぐす。

3　冷凍うどんは袋の表示に従って加熱し、冷水にとって冷やす。

4　器に3を盛りつけ、大葉、1、2をのせ、Bを混ぜ合わせてかける。

サラダうどん

酢を利かせた冷やし中華風

材料（1人前）

冷凍うどん…1玉
好みの野菜…適量
ハム…適量
ゆで卵…½個

Ⓐ
白だし…大さじ2
酢…小さじ2
水…⅓カップ

作り方

1 野菜は食べやすい大きさに切り、ハムは細切りにする。

2 冷凍うどんは袋の表示に従って加熱し、冷水にとって冷やす。

3 器に2を盛りつけ、1をのせる。Aを混ぜ合わせてかける。

モロヘイヤとアナゴの
ぶっかけうどん

個性きわだつ三層の味わい

材料(1人前)

冷凍うどん…1玉
モロヘイヤ…30g
焼きアナゴ(市販)…½尾
大根…適量
Ⓐ めんつゆ…大さじ2
　水…⅓カップ

作り方

1 モロヘイヤは葉だけをちぎり、さっとゆでてざく切りにする。大根は好みの量おろす。
2 冷凍うどんは袋の表示に従って加熱し、冷水にとって冷やす。
3 器に2を盛りつけ、1と焼きアナゴをのせる。Aを混ぜ合わせてかける。

めんたい長いもうどん

ピリッとしたパンチが魅力

材料（1人前）

冷凍うどん…1玉
長いも…5cm
辛子めんたいこ…½腹
かいわれ菜…適量
Ⓐ めんつゆ…大さじ2
Ⓐ 水…⅓カップ

作り方

1　長いもは皮をむき、袋に入れて細かくたたく。辛子めんたいこは薄皮を取り除く。
2　冷凍うどんは袋の表示に従って加熱し、冷水にとって冷やす。
3　ボウルに **1** を入れ、混ぜ合わせる。
4　器に **2** を盛りつけ、**3** をのせる。かいわれ菜を添え、**A** を混ぜ合わせてかける。

鶏の照り焼きぶっかけうどん

口いっぱいに香ばしさが広がる

材料（1人前）

冷凍うどん…1玉
鶏むね肉…100g
長ねぎ…½本
ししとう…1本
青ねぎ…適量
炒め油…適量

Ⓐ 白だし…大さじ2
水…⅓カップ

作り方

1 鶏肉はひと口大に切り、長ねぎは斜め切りにする。青ねぎは小口切りにする。

2 冷凍うどんは袋の表示に従って加熱し、冷水にとって冷やす。

3 フライパンに油を熱し、1の鶏肉と長ねぎ、ししとうを焼き、白だし（小さじ1、分量外）で味を調える。

4 器に2を盛りつけ、3をのせる。1の青ねぎを散らし、Ⓐを混ぜ合わせてかける。

ごちそうステーキ　うどん

これぞ極めつきのスペシャルメニュー

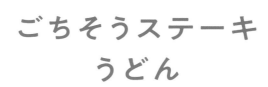

材料（1人前）

冷凍うどん…1玉
牛肉（ステーキ用）…1枚
エリンギ…1本
クレソン…適量
青ねぎ…適量
炒め油…適量
Ⓐ｜ガーリックパウダー…適量
｜塩…少々
｜こしょう…少々
Ⓑ｜白だし…大さじ2
｜水…⅓カップ

作り方

1　エリンギは薄切り、青ねぎは小口切りにする。
2　牛肉はAで下味をつける。
3　フライパンに油を熱し、1のエリンギと2を牛肉に火が通るまで焼く。
4　冷凍うどんを袋の表示に従って加熱し、器に盛りつけ、1の青ねぎ、3、クレソンをのせる。Bを混ぜ合わせてかける。

\ 夏にうれしい /

冷かけうどん

アジと焼きなすの みどり酢うどん

材料（1人前）

冷凍うどん…1玉
アジ切り身…50g
なす…1本
きゅうり…½本
すし酢（市販）…適量
塩…適量
Ⓐ｜ めんつゆ…大さじ3
　｜ 水…1½カップ

作り方

1　アジは食べやすい大きさに切り
　　塩焼きにする。
2　なすは網で焼き、皮をむいて4〜
　　6つにさく。きゅうりはすり下ろし、
　　すし酢と和える。
3　冷凍うどんは袋の表示に従って
　　加熱し、冷水にとって冷やす。
4　器に3を盛りつけ、1と2をのせ
　　て、Ⓐを混ぜ合わせてかける。

冷や汁うどん

材料（1人前）

冷凍うどん…1玉
アジの干物…½枚
木綿豆腐…¼丁
きゅうり…½本
みょうが…1個
大葉…5枚
Ⓐ｜ だし汁…1¼カップ
　｜ みそ…大さじ2
　｜ すり白ごま…大さじ1

作り方

1　アジは網で焼き、身をほぐす。豆
　　腐は水をよくきり粗くほぐす。
2　きゅうりは輪切りにし、みょうが
　　と大葉は細かくきざむ。
3　冷凍うどんは袋の表示に従って
　　加熱し、冷水にとって冷やす。
4　ボウルに1、2、Ⓐを入れ、混ぜ
　　合わせる。
5　器に3を盛りつけ、4をかける。

冷たいうどんに、冷たいかけだし。ほんの少し手間はかかりますが、
暑い夏場にはなによりのごちそうに。鉄板の4品をお試しあれ。

パプリカと牛肉の冷やしかけうどん

材料（1人前）

冷凍うどん…1玉
パプリカ（赤・黄）…各¼個
牛薄切り肉…80g
温泉卵…1個
炒め油…適量
塩…適量
こしょう…適量
Ⓐ めんつゆ…大さじ3
　水…1½カップ

作り方

1　パプリカは1cm幅、牛肉はひと口大に切る。
2　冷凍うどんは袋の表示に従って加熱し、冷水にとって冷やす。
3　フライパンに油を熱し、1を入れる。牛肉に火が通るまで炒め、塩とこしょうで味を調える。
4　器に2を盛りつけ、3と温泉卵をのせる。Ⓐを混ぜ合わせてかける。

ズッキーニ天の冷やしかけうどん

材料（1人前）

冷凍うどん…1玉
ズッキーニ（緑・黄）…各50g
大根…適量
おろししょうが…少々
揚げ油…適量
Ⓐ 薄口醤油…小さじ½
　酒…大さじ½
　塩…小さじ½
　いりこだし…1½カップ
Ⓑ 天ぷら粉…適量
　水…適量

作り方

1　ズッキーニは輪切りにする。
2　冷凍うどんは袋の表示に従って加熱し、冷水にとって冷やす。
3　Ⓐを混ぜ合わせ鍋に入れ、ひと煮立ちさせて冷やす。
4　Ⓑを混ぜ合わせて衣を作り、1につける。油できつね色に揚げる。
5　器に2を盛りつけ、3をかける。4をのせ、好みの量おろした大根と、おろししょうがを添える。

フライパンで
焼きうどん・炒めうどん

具材と一緒にうどんを焼いたり炒めたりすることで、
食卓の主役になる一皿に。自分流にアレンジするのも楽しい♪

牛肉キムチ
うどん

卵をくずせばパラダイス

材料（1人前）

冷凍うどん…1玉
牛薄切り肉…80g
キムチ（白菜）…40g
青ねぎ…適量
ごま油…小さじ1
卵黄…1個
塩…適量
こしょう…適量
Ⓐ ┌ めんつゆ…小さじ2
　└ 水…小さじ2

作り方

1　牛肉はひと口大に切り、塩、こ
　しょうをする。青ねぎは小口切
　りにする。

2　冷凍うどんは表示に従って加熱
　する。

3　フライパンにごま油を熱し、1の
　牛肉を炒める。肉の色が変わっ
　たら、2とキムチを加えてさら
　に炒め、Ａを混ぜて味つけする。

4　3を器に盛り、卵黄をのせ、1
　の青ねぎを散らす。

キャベツとアンチョビのうどん

シンプルにうまい！ お酒にも合う!!

材料（1人前）

冷凍うどん…1玉
キャベツ…3枚
にんにく…1片
アンチョビペースト…小さじ1
塩…適量
こしょう…少々
Ⓐ とうがらし（輪切り）…適量
　 オリーブオイル…適量

作り方

1　キャベツはざく切りにし、にんにくは包丁でつぶす。
2　冷凍うどんは袋の表示に従って加熱する。
3　フライパンにＡと1のにんにくを熱し、香りが出たら、1のキャベツ、2、アンチョビペーストを加え炒める。
4　キャベツがしんなりしてきたら、塩とこしょうで味を調え、器に盛りつける。

空芯菜ともやしの 中華風焼きうどん

オイスターソースがおいしさの秘訣

材料 (1人前)

冷凍うどん…1玉
空芯菜…50g
もやし…70g
鶏ひき肉…50g
炒め油…適量
塩…適量
こしょう…適量

Ⓐ オイスターソース…大さじ1
酒…大さじ½
塩…少々
こしょう…少々

作り方

1　空芯菜はざく切りにする。

2　冷凍うどんは袋の表示に従って加熱する。

3　フライパンに油を熱し、鶏肉を火が通るまで炒め、塩とこしょうで味を調える。

4　3にもやしと2を加え、しんなりするまで炒める。

5　1とＡを加え、さっと炒め、器に盛りつける。

イカの塩辛とわけぎの 焼きうどん

晩酌のおともにも最適

材料（1人前）

冷凍うどん…1玉
わけぎ…2本
にんにく…1片
イカの塩辛…大さじ2
醤油…適量
塩…適量
こしょう…適量
Ⓐ 赤とうがらし…1本
　 オリーブオイル…適量

作り方

1　わけぎは2cm長さに切り、にんにくはみじん切りにする。
2　冷凍うどんは袋の表示に従って加熱する。
3　フライパンにAと1のにんにくを熱し、香りが出たら、2、イカの塩辛を加える。
4　イカに火が通ったら1のわけぎを加える。醤油、塩、こしょうで味を調え、器に盛りつける。

オクラと納豆の焼きうどん

豪快にかき混ぜガツガツ食べたい

材料（1人前）

冷凍うどん…1玉
オクラ…2本
キャベツ…1枚
豚バラ肉…50g
納豆…1パック
卵黄…1個
カツオ節…適量
炒め油…適量
Ⓐ 白だし…大さじ2
　　塩…少々
　　こしょう…少々

作り方

1　オクラはゆで、小口切りにする。キャベツは1cm幅、豚肉はひと口大に切る。

2　冷凍うどんは袋の表示に従って加熱する。

3　フライパンに油を熱し、1の豚肉を炒める。肉の色が変わったら、1のキャベツと2を加え、Ⓐで炒め合わせる。

4　3を器に盛りつけ、1のオクラ、納豆、卵黄をのせ、カツオ節を散らす。

ゴーヤーチャンプルーうどん

彩り豊かな南国の味

材料（1人前）

冷凍うどん…1玉
ゴーヤー… ½本
にんじん… ¼本
ランチョンミート（市販）…30g
卵…1個
炒め油…適量

Ⓐ
白だし…大さじ1
塩…少々
こしょう…少々

作り方

1 ゴーヤーはわたを取り、薄切りにする。にんじんは細切りにし、ランチョンミートは1cm幅に切る。

2 冷凍うどんは袋の表示に従って加熱する。

3 フライパンに油を熱し、割りほぐした卵を入れて炒める。

4 フライパンから卵を取り出し、ふたたび油を熱して1を炒める。ゴーヤーがしんなりしたら、2と3を加えてさっと炒め、Ⓐで味を調え、器に盛りつける。

豚肉とじゃがいもの 焼きうどん

じゃがいもの食感がアクセントに

材料（1人前）

冷凍うどん…1玉
豚バラ肉…50g
じゃがいも…小1個
絹さや…適量
バジル…適量
炒め油…適量
- Ⓐ ナンプラー…小さじ2
- 塩…少々
- こしょう…少々

作り方

1　じゃがいもと絹さやは千切りにし、豚肉はひと口大に切る。
2　冷凍うどんは袋の表示に従って加熱する。
3　フライパンに油を熱し、1の豚肉を炒め、肉の色が変わったら1のじゃがいもを加える。
4　じゃがいもが透き通ってきたら、1の絹さやと2を加え、Ⓐで味を調える。器に盛り、バジルを添える。

カリフラワーとエビの焼きうどん

ビールがすすむ! エスニック風のおつまみうどん

材料（1人前）

冷凍うどん…1玉

エビ…3尾

カリフラワー…50g

にんにく…1片

ライム…適量

炒め油…適量

- ナンプラー…小さじ2
- Ⓐ 塩…少々
- こしょう…少々

作り方

1 カリフラワーはひと口大に切り、ゆでる。にんにくは包丁でつぶす。

2 冷凍うどんは袋の表示に従って加熱する。

3 フライパンに油と1のにんにくを熱し、香りが出たらエビを炒める。

4 エビに火が通ったら、1のカリフラワーと2を加えて、Ⓐで味を調える。

5 4を器に盛りつけ、ライムを添える。

豚キムチ焼きうどん

カツオ節たっぷりがおいしさの決め手

材料（1人前）

冷凍うどん…1玉
豚バラ肉…50g
キムチ（白菜）…80g
カツオ節…適量
炒め油…適量

作り方

1 冷凍うどんは袋の表示に従って加熱する。
2 フライパンに油を熱し、豚肉を炒める。
3 豚肉に火が通ったら、1とキムチを加え、炒め合わせる。
4 器に盛りつけ、カツオ節を散らす。

青ねぎとタコの
焼きうどん

ありそうでなかったシーフード系焼きうどん

材料 (1人前)

冷凍うどん…1玉
青ねぎ…1本
ゆでダコ…40g
バター…10g
A ┌ ガーリックパウダー…適量
  │ 白だし…大さじ1
  │ 塩…少々
  └ こしょう…少々

作り方

1 青ねぎは3cm長さに切り、タコ
  は薄切りにする。
2 冷凍うどんは袋の表示に従って
  加熱する。
3 フライパンにバターを熱し、1
  と2を炒める。
4 青ねぎがしんなりしたら、Aで
  味を調えて器に盛りつける。

きのこと鶏肉のパスタ風うどん

バター醤油の香りが食欲をそそる

材料（1人前）

冷凍うどん…1玉
好みのきのこ…80g
鶏むね肉…¼枚
にんにく…1片
オリーブオイル…適量

Ⓐ
醤油…大さじ1
塩…少々
こしょう…少々
バター…10g

作り方

1 鶏肉はひと口大、きのこは食べやすい大きさに切る。にんにくは包丁でつぶす。

2 冷凍うどんは袋の表示に従って加熱する。

3 フライパンにオリーブオイルと1のにんにくを熱し、香りが出たら、1の鶏肉ときのこを炒める。2とⒶを加え、全体に火が通ったら器に盛りつける。

豚高菜の焼きうどん

箸が止まらなくなる罪深き一皿

材料（1人前）

冷凍うどん…1玉
豚こま肉…70g
高菜漬け…30g
にんにく…1片
白ごま…適量
ごま油…適量
　　┌ 醤油…小さじ1
Ⓐ　│ 塩…少々
　　└ こしょう…少々

作り方

1　高菜漬けは細かくきざみ、にんにくは包丁でつぶす。
2　冷凍うどんは袋の表示に従って加熱する。
3　フライパンにごま油と1のにんにくを熱し、豚肉を炒める。
4　豚肉に火が通ったら、2と1の高菜漬けを加え、Ⓐで味を調える。器に盛りつけ、白ごまをふる。

カキとこまつ菜の
クリームうどん

うどんがすてきな洋食に

材料（1人前）

冷凍うどん…1玉
カキ…5粒
こまつ菜…適量
バター…大さじ1
生クリーム…60cc
白ワイン…大さじ1
塩…少々
こしょう…少々

作り方

1　こまつ菜はゆで、4cm長さに切る。

2　冷凍うどんは袋の表示に従って加熱する。

3　フライパンにバターを溶かし、カキを炒める。火が通ったら、白ワインを入れてさっと炒める。

4　カキを取り出し、同じフライパンに生クリームを入れてひと煮立ちさせる。1と2を加え、ひと煮立ちさせたらカキを戻し、塩、こしょうで味を調えて器に盛りつける。

＝ ＼ちょっと飽きたら…／ ＝

挑戦! 大胆アレンジ

大人の
うどんピザ

材料 (1人前)

冷凍うどん…1玉
粉チーズ…小さじ2
お好みのチーズ (ブルーチーズ、クリームチーズ、溶けるチーズなど)
　…適量
はちみつ…適量
オリーブオイル…適量

作り方

1　冷凍うどんは袋の表示に従って加熱する。
2　ボウルに1と粉チーズを入れて混ぜる。
3　フライパンにオリーブオイルを熱し、2を丸く広げ、フライ返しでおさえながら、両面がカリッとするまで焼く。
4　チーズを並べ、フタをして加熱する。チーズが溶けたら、器に盛りつけ、はちみつをかける。

きなこうどん

材料 (1人前)

冷凍うどん…1玉
　きなこ…大さじ2
Ⓐ 砂糖…大さじ2
　塩…ひとつまみ

作り方

1　冷凍うどんは袋の表示に従って加熱する。
2　1を食べやすい大きさに切り、Aをまぶして器に盛りつける。

うどんの
お好み焼き

材料(1人前)

冷凍うどん…1玉
キャベツ…2枚
豚バラ肉…30g
炒め油…適量
青のり…適量
カツオ節…適量
ソース…適量
(A) 卵…1個
　　 お好み焼き粉…50g
　　 水…¼カップ

作り方

1　キャベツはざく切りにする。

2　冷凍うどんは袋の表示に従って
　　加熱し、3等分の長さに切る。

3　ボウルにAを混ぜ合わせ、1と2
　　を加える。

4　フライパンに油を熱し、3を広げ
　　豚肉をのせる。両面が焼けたら
　　ソースをぬり、青のりとカツオ節
　　を散らす。

お菓子揚げうどん

材料(1人前)

冷凍うどん…1玉
揚げ油…適量
(A) グラニュー糖…適量
　　 シナモン(粉)…適量

作り方

1　冷凍うどんは袋の表示に従って
　　加熱し、冷水にとって冷やす。

2　1を食べやすい大きさに切る。

3　油で2をきつね色に揚げる。

4　Aを混ぜ合わせてかけ、よく和え
　　てから器に盛りつける。

著者
伯母直美（うば・なおみ）

管理栄養士・旬菜料理家。
野菜を育てる料理家「暮らしの Recipe キッチンスタジオ」代表。
企業・雑誌・WEB 媒体のレシピ開発やテレビ、ラジオなどで活躍中。
著書に『野菜を使いきる。』（主婦と生活社）などがある。
http://www.naomi-uba.com/
インスタグラム ⏺ @ uba_naomi

🍲 かんたん　おいしい　超便利！
冷凍うどんアイデア帖

初版発行日　2020年9月5日初版発行

発行人　近藤和弘
発行所　東京書店株式会社
　　　　〒113-0034
　　　　東京都文京区湯島3-12-1
　　　　ADEX BLDG. 2F
　　　　TEL：03-6284-4005
　　　　FAX：03-6284-4006

スタイリング	綱渕礼子（カバー、P10、P48、P72、P108、P126の左側の料理）
撮影	近内貴宏（株式会社アミア）
デザイン	有限会社北路社
DTP	富 宗治
編集協力	株式会社シェルパ
印刷・製本	株式会社シナノ

ISBN978-4-88574-585-4　　C2077　　Printed in Japan